메아리

安山 李 學 德 시집

홍 익 출 판 사

서문

내가 이 세상에 태어나
시집을 낸다는 것은 상상도 못 할 일이었으나
第1 詩集으로 처음 세상에 첫걸음마를 한 것이
또 욕심을 부리게 된 것 같다.
第2 詩集을 선보이게 되었으니....
'詩다운 詩로 엮어진 詩集을 탄생시켜봐야지'하는
욕심이었지만
2集도 1集과 같이 정답고 마음에 와 닿는 詩集으로
탄생시키질 못한 것 같다.
어쩔 수가 없다.
정진으로 갈고 닦아야 할 일.
그 꿈이 현실화되도록 정진해 나갈 것이다.

2015년 대구 수성구 자택에서

安山 李學德

목차

1부

봄

여름

2부

가을

겨울

❖ 부록 1 ❖

❖ 부록 2 ❖

❖ 부록 3 ❖

1부

봄

꽃과 벌 나비

봄이면 꽃피니
잠자던 벌 나비도 깨어나
기지개 켜며
왕성하게 활동하니
꽃님은 활짝 웃으며
벌 나비 유혹한다

임 찾은 벌
부~응하며 찾아드니
손님 맞던 꽃님이 몸부림친다

나비는 나풀나풀 춤추며
좌충우돌하며 앉을 듯 말 듯하니
방긋 웃던 꽃님이 애간장 태운다

할미꽃

외진 산허리
뫼 잔등 잡초 속에서
다소곳이 새침 떨며
일광욕하는 할미꽃

양지바른 곳에서
긴 목을 뻗어내고
희뿌연 속살을 드러내 놓고
하얀 몸체를 자랑하며
빙긋이 웃음 띠며
바람 임 맞아 몸부림치며
고개 숙인 할미꽃

요즘
잘 볼 수 없어
어쩌다 생각나면
그리움을 더하는 할미꽃

꽃샘추위

따뜻한 햇볕에 훈훈함이 있어
겨울옷 벗어버리니
맘도 상쾌해
봄을 알리는 꽃망울에
기쁨마저 용솟음치니
삶이 넘치는 활기찬 거리
그래도
때늦은 동장군의 시샘에
꽃샘추위에
그 빛을 잃는다
하얗게 핀 목련
春花마저 그 빛을 잃으니
움츠러든 맘은
들녘에서 이글거리는
아지랑이가 그리워져
양지바른 곳 뜰에서
봄소식 알리는
花木을 손질할 때
그래도
봄 햇살은 고양이를 잠재운다

복수초(福壽草)

긴긴 겨울
죽은 듯하던
너의 모습이었는데
봄비 내리고
아지랑이 꿈틀대니
기지개하며
눈을 틔우는구나
긴 겨울잠에서 깨어나
점점이 샘솟는 꽃망울
복수초

[註] **복수초**; 미나리아재비과에 속하는 다년초. 높이 20~40cm 가량, 소엽은 피침형, 4~5월에 황.홍.백.녹색의 꽃이 줄기나 가지 끝에 잎보다 먼저 핌. 산지의 나무그늘 밑에서 자라며, 관상용임.

봄은 봄인가 보다

따뜻한 봄기운에
창문을 여니
열리는 창문으로
햇살이 찾아들고
신선한 공기가 상쾌함을 안겨준다

봄은 봄인가 보다

정원에 있는 개나리가
해님의 온정을 듬뿍 안고
꽃망울 터뜨리며 노랗게 꽃피우고
사랑을 속삭이는
파릇파릇한 싹을 움 틔운다

자목련나무도
목단도
봄을 맞아 찾으니
봄은 봄인가 보다
뜰 안 정원에 봄기운이 맴돈다

집안에 봄기운이 싹튼다

자화상(自畵像)

삭막하던 가지에 움 돋고
훈훈한 바람이 불 때
나의 시야는 온통 녹색 물결

산야엔 뻐꾸기 울고
들엔 아지랑이 출렁일 때
나의 시야는 온통 아지랑이 물결

푸름에 흠뻑 젓은 수목 사이를
이름 모르는 산새와 청설모란 놈 노닐 때
나의 시야는 온통 뜬구름 물결

삼라만상이 왕성한 기운으로 휩싸여
만물이 삶을 속삭이는데
나는 TV 보며 뜻 없이 허송세월

유리창

천도가 넘는 용광로에서
달구고 달구어져 만들어진 너
정말로 맑고 티 하나 없구나
낮이면 온 세상 다 보여주고
밤이면 수많은 별을 가슴에 안겨주니
너만 한 이가 또 어디 있으랴!
세상 모진 풍파가 너에게 덮쳐도
피하지 않고 싫어함도 없이
고스란히 모든 걸
받아들이는 너
그러나
너도 어쩌지 못함이 있구나
투명함이
세월이 가니
민망하고 흉측스러워져
내가 너를
안아 주어야 하는구나
나의 사랑을 듬뿍 안은 너
그제야
옛날같이 변함없이
사랑을 주는구나!

자전거로 가는 길

아카시아 꽃 향이 넘쳐나는
산길을 돌아들며 달리니
힘찬 숨길에 훈훈한 공기가 덮쳐
초여름 기운이라
달리는 자전거 길이 더 힘들다

5월에 핀 아카시아 꽃
등꽃 모양의 백색 꽃이
포도송이 같이 주렁주렁
바람에 떨어진 꽃잎은
길섶에 쌓였고
향긋한 꽃 향은
굽이굽이 돌아드는 산길마다 덮어
달리는 자전거 길에
힘듦도 지침도 모두 잊게 한다

눈길을 사로잡는 아카시아 꽃
잠시 쉬어 가는 길에
한 송이 꽃 따다가
고이 간직해 가
꽃병에 담아 두고 싶네

꽃밭에는

훈풍이 꽃망울 틔우니
꽃은 향기로 벌 나비를 유혹한다

짙은 꽃 향에 분별없이 찾아드는 벌 나비
기쁨에 찬 꽃은 태양보고 함박웃음 띄우니
바람은 때를 놓칠세라 시샘을 한다

한껏 유혹하던 꽃술의 화장기는
땅으로 떨어지고 사방으로 날아가니
꽃밭을 날던 잠자리는 재채기하고
무료하던 개미는 깜짝 놀라
긴 더듬이 곤두세우고 동분서주한다

이에 놀란 메뚜기는 줄행랑을 치고
꽃잎 아래서 떼를 지어 놀던 진딧물은
먹이사슬 찾는 사마귀에 놀라 쥐죽은 듯 잠잔다

꽃밭에서 꽃님은 지나는 가객 미인계로
나 몰라라 웃으며 유혹하기 바쁘다

배추흰나비

흰나비 한 마리가
배추밭에서 날고 있어요
팔랑팔랑 날갯짓하며 날고 있어요
날개가 커서 그런지
똑바로 날지 못하고
상하좌우로 날고 있어요
그 모습이 꼭 춤추는 것 같아요
배추밭에서
나비 한 마리가
춤을 추고 있어요
팔랑팔랑 날갯짓으로 춤을 추어요

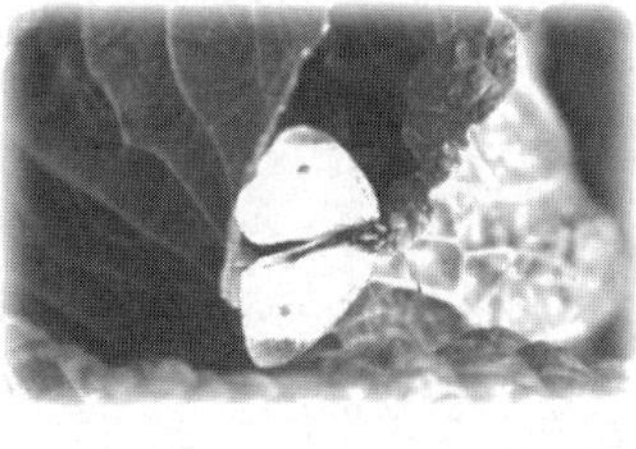

흘러가는 냇물아

흐르는 냇물아
너의 가는 길은
순탄치만 않더구나
멀고 긴 여정에서
계곡 세가 만만치 않으니
흐르다 보면
높고 낮게 떨어짐도 있고
깊은 곳에선 유유함도 있다가
넓은 곳에선 머무름도 있더구나
그러함에서
세월 가는 삶 안에
계절의 변화 따라
희로애락도 있어
봄이면 활짝 피는 개나리와
냇버들 강아지 맞아
웃음 띠며 물들고
여름이면
못 잊고 너를 찾는 이들과
함께하는 즐거움에 지루함도 잊고
가을엔 붉게 물든 단풍잎 맞으며

그대로 담아 유유히 흐르더니
겨울 되니
덮어주는 함박눈 안에서
송사리 때 보듬어 노니느라
세상의 변화도 모르더구나

봄, 봄

따뜻한 훈풍에
화사한 마음이 용솟음치고

임 그리운 마음은
치솟는 샘물 같으니

시름없이 잠자던 마음은
반짝이는 밤하늘의 별 같아

자웅雌雄이 함께 벗꽃이니
님도 임, 임도 님

사르르 내리는 봄비도
생동함에 쉼 주는 불이라

희망이 샘솟는 봄은 역시
아지랑이 이글거리듯 꿈이 움튼다

봄꽃여행

제철 맞아 활짝 핀 봄꽃
누구나 보고파 하니
그리움에 꿈나라 헤맨다

한껏 부푼 가슴에
상춘객이 되어 맞으니
희열에 차 모든 시름 다 잊었다

상춘객 등쌀에
한두 잎 지던 벚꽃 잎이
나를 두고 가버릴까 두려워 떨고 있다

살짝 불어주는 바람을 타고
흰 눈 되어 유혹한다
가는 길을 덮는다

쑥, 쑥떡

늦은 봄
산길을 가노라니
그윽한 한약 향기가 코를 자극해
이상히 여겨 멈칫함에
눈에 들어오는 너의 모습
바로 쑥이었구나

초봄에 싹트고 자라는
봄나물인 너에겐
한약 향을 못 느끼는데
나물 캐는 아낙네는 너를 좋아하니
밥상에서 쑥국으로 너를 만나네

늦은 봄 보이는 너는
키도 크고 잎도 크고
향긋한 향도 풍기니
그러니 너를 약쑥이라 하여
보약 떡으로 제격이라네

떡 방앗간 주인 왈
초봄 쑥은 부침개나 국거리고
늦은 봄 쑥은 약쑥이라 해
보약 떡 자시려면 5월의 쑥이라야
약 쑥떡 거리로 제격이란다

아지랑이

봄아!
지금 저 소리가 들리는가?
귀를 가만히 기울여봐
그리고 마음을 열어 봐
가만히 가슴을 펼쳐 봐
허리를 젖히지 말고
숨을 크게 내쉬지 말고
팔을 휘두르지 마
그리고
눈을 크게 뜨고 노려보지 마!
놀라 고개를 돌릴지 몰라
너무 힘차게 발을 내딛지 마!
발길에 살짝 밟힐지 몰라
그저 가만히
조용조용 기다려 봐
그러면 혹
내게로 먼저 와 기웃거리다가
슬그머니 이웃으로
그냥 지나가고 있는지도 몰라
보일 듯 보이지 않고
잡힐 듯 잡히지 않는
봄 아지랑이!

뻐꾸기

이른 아침
산책길에
새벽공기 타고
들려오는 뻐꾹새 울음소리
구슬프게도 들리고
기쁨에 찬 소리로도 들린다
뻐꾹
뻐꾹
울창한 숲속에서
들리는 뻐꾹새 울음소리
높고 맑아 청초淸楚하기만 하다
이 숲에서도 뻐꾹
저 숲에서도 뻐꾹
쉼 없이
운다
5~6월에
내가 있노라고

능소화

엮어 내린 것 같이
끝없이 맺히는 꽃망울이
활짝 피면
그 모습이
청초한 나팔꽃과도 같아
7~8월 수없이 피고 지는 능소화
일색에 풍기는 향기가 없어도
찾아든 벌들의 향연은 종일토록 울리고
아름다운 너의 모습 헤아릴 수 없으니
만인의 나그네 맘을 사로잡고도 남아
너를 보고
3번이나 놀란다
능소화나무야

나비가 난다

나비가 난다
노랑나비가 난다
흰나비도 있다

나비가 난다
노랑나비가 난다
파란 나비도 있다

나비가 난다
노랑나비가 난다
호랑나비도 있다

나비가 난다
이런 저런 나비가 난다
조선나전 꽃나비도 있다

여름

'하와이 무궁화' 한 포기

꽃집에 있는 하와이 무궁화
'트롬본 · 호른' 주둥이와 같이
크고 빨갛게 활짝 피었다
그 꽃이 매우 예뻐
나의 발길을 사로잡는다
튼튼한 몸매에 꽃봉이 7개
3개는 굵고 4개는 맺었다
열대성이라 수분공급이 필수
온도도 10℃ 정도로 유지
단독주택에 겨울이라 현상 유지될까!?

한 포기 샀다
매일매일 정성을 다했다

그런데 하루하루가 지날수록
큼지막한 잎이 한둘 노랗게 단풍들고
맺은 꽃봉이 말라 떨어진다
처음엔 욕심에 사들였는데
이런 걸 모르고 택했다
하루하루 지날수록 어쩔 수 없어

이젠 관심 밖이었는데
밤새 몰랐던 꽃이 피었다
처음 본 것과 똑같은 꽃이 피었다

이렇게 크고 예쁜 모습
무심하던 나를 놀라게 했다

조형물

백장미 꽃 한 송이 같이
아름다운
조각상
비바람 한설에 핀
꽃송이 같아
아름답다
정답다
눈에 든 조각상

– 포항 근린공원
'초아의 봉사' 상 –

님이여

산길을 가면 나무가 많습니다
들길을 가면 풀들이 많습니다
공원엘 가면 수목들이 많습니다
수목원엘 가보면 선택된 식물들이 많습니다
그중에 나의 맘을 끄는 하나가 있습니다
그 하나를 만남이 기쁨이었고
그 하나를 만남이 축복이었고
그 하나를 만남이 행복이었습니다
그 하나가
밤하늘에 유난히 빛나는 별같이
나의 가슴에 안겨듭니다
나는 별똥별이 되어
그것에 심어지고 싶습니다
한 송이 흑장미 꽃으로
그곳에 피어나고 싶습니다

운무(雲霧)

명산절경名山 絕景을 보고자 찾으나
발길이 이르니
사방四方이 분간키 어려운데
운무雲霧마저 앞길을 막으니
내 몸 다스리기에 바쁘다

입소문 난 명산이어도
절경은 간곳없고 숨길만 가쁘다
그래도
명산을 알고자 산정山頂에서
정복征服의 희열喜悅에 깊은 한숨으로
마음을 다잡고 눈앞을 살피니
절경은 없다

차근차근 밟고 지나온 운무雲霧만
산정을 휘돌아 감아
눈 아래 있고
그 위에 내가 서 있으니
풍광風光의 기쁨은 알 수 없고
산 아래서 몰아치는

절묘絶妙한 안개와 구름
아~
명산은 명산이로다

멍게(우렁쉥이)

내가 사는 마을엔
매주 목요 장이 선다
상설시장이 있어도 구분 없이 선다

이날이면 빠짐없이 장바구니 끌고
마누라 뒤 따라다니며
철 따라 나는 물건
이것저것 구경하며 눈요기한다

발갛게 홍색 띤 굵직한 멍게
멍기라고도 부르고
멍게라고도 하고
먹음직한 놈 이름은 '우렁쉥이'였다

불툭히 튀어나온 굵직한 돌출부가
꼭 마누라 젖꼭지 같아
손가락으로 오물쪼물 만지고 싶은 맘

울퉁불퉁 못생긴 형체
나병 앓는 처녀가 짝사랑에 삐쳐
바다 깊숙이 숨어 앉아
몸부림치다 돋아난 왕 여드름 아닌가!?

날카로운 칼날로 한 부분 잘라내고
손가락으로 도려내어 설렁설렁 헹구고
소주 한잔 마시고 초장에 찍어 안주 삼아보면
입안에 남아도는 향긋한 뒷맛이 나를 사로잡는다

山寺로 가는 길

울창한 솔숲 사이로
굽이쳐 난 길
서늘한 공기는
시원함을 더하고
적막감은
발걸음 소리마저 울리는데
떨어진 솔방울
솔잎 향은
정신마저 밝게 해
졸졸졸 흐르는 계곡물 소리와
이름 모르는 산새 소리는
피로마저 잊게 하는데
山寺로 가는 길은
삶의 희로애락을
멈추게 하는 것 같다

매미-1

우리 집 뜰에 있는 목련 나무에
매미 허물 두 개가 붙었다
알에서 유충, 유충에서 번데기
번데기에서 어렵게
성충으로 탈바꿈하여
나가고 남긴 형상形狀 허물
사람은 이름을 남기고
짐승은 가죽을 남긴다 했는데
너는 쓸모없는 허물을 남기고
나무 위로 기어올라
오뉴월 삼복더위도 아랑곳 않고
뭐가 그리 애달파
맴맴 매에~ 하고 울어 대느냐
살아생전 불러주는
너의 울음 들으며
한시름 덜며
시상으로 더위를 잊었다

매미-2

맴 맴 매에~
매~ 음~~ 매~ 음~~
매에~
아름다운 선율로 울던 참매미
요즘 어디로 갔는지
산 복숭아 등나무들이 사라지니
고운 울음 들을 수 없네
그런데
찌리 리~~
난청 귀 마냥
소음만 일으키고 있는
검은 털매미 울음소리
온 마을 수목엔 너의 소리뿐
울음 없는 임인들
너의 소리에
사랑 찾아들 암매미도 있을까!
맴 맴 매에~
참매미의 울음소리
그리운 울음소리
요즘 어디로 갔는지
들을 수가 없다

역 대합실

시간에 쫓겨 찾아드는 대기실
수없이 많은 사람이
술렁이는 대기실
한둘 사라지고
한둘 채워지는 대기실

지친 몸을 의자에 의지하고 조는 이
다리 걸고 신문 보는 이
서성거리는 이
앉은 체 명상에 잠겨 있는 이

이 모두가
들어가 사라지고
들어와 채워지고
다람쥐 쳇바퀴 돌듯 항상 비슷비슷

시간에 쫓겨 살아가는
사람들로 북적이는
어수선한 대기실
오늘도 변함없이 요동치는 대기실

오뚝이

팔도 없고 다리도 없다
웃는 얼굴에 귀도 없다
조금만 건드려도
웃음 띤 모습으로
건들건들

화가 나 한풀이하는 이가 있으면
머리가 땅에 닿듯 넘어져도
일어서며 또 건들건들
귀엽다고 안으면
싫다고 중심 없이 쓰러진다

가끔 보고 듣는 달인 이야기
너라면 쓰러지지 않는
달인, 달인의 명수
이 세상에서 너를 이길 자
누구이런가!

작고 큰 뚱뚱한 몸매
조그마한 체구에 웃음 띤 얼굴

어떠한 역경에도 쓰러지지 않고
365일 제자리에 서 있는 오뚝이
나는 꿈꾼다 오뚝이 인생

세월(歲月)

흐르는 물과 같이
때에 따라
세모 네모 원형이 되고
정겨울 땐 티 없이 평화롭다

실 계곡 넓은 강
굽이쳐 돌아 흘러
망망대해와 같을 땐
모든 것을 덮고 품는다

그런데
세모 네모 원형이 되고
세모 네모 원형이 될 땐
천재지변을 당할 수 없다

하늘의 造化

맑던 하늘이
삽시간에 모여든 먹구름에
컴컴한 밤을 연상케 하더니
후두두 떨어지는 굵직한 빗방울

번적번적 잦은 번개
천지를 진동하는 천둥소리와 함께
쏟아지는 물줄기소나기
간담을 서늘하게 한다

채 30여 분도 안 돼
언제 그랬느냐는 듯
동창이 밝아온 듯한 하늘
붉게 물든 하늘의 이변에 놀랐다

와~ 무지개다
무지개가 떴다
저기 동쪽 하늘에
무지개가 떴다

– 집 옥상에서 본 무지개 –

저 나무를 한번 보세요!

나무를 보세요
잘 보세요
싸우고 있어요
사나운 바람과도 싸우고
무서운 비와도 싸우고
매서운 눈과도 싸우고
뜨거운 태양과도 싸우고 있어요
그러다
착한 나무는 상처를 입기도 하고
생명을 다할 때도 있어요.
바람, 비, 눈을 만나면
녹색 옷, 가지를 잃어요
그러나
뜨거운 태양을 만나면
우리에게 기쁨을 주는 착한 나무입니다
일방적인 공격을 받아도
화내지 않고
남을 해코지 할 줄 모르고
모두에게 도움만 줄 줄 알아요
착한 나무는

오늘도

혼자

싸우고 있어요

어느 여름날

비바람이 휙휙 그침 없이 지나니
힘없는 풀들은 춤사위 하는데
나무는 일렁일렁 호사豪奢스럽다

농번기 바쁜 일손 바람 진날 없는데
냇물이 슬슬 흘러 강을 만나듯
툇마루 촌노의 시름은 달음질친다

소용돌이치는 비바람에 안마당 멍멍이는
앞산 자락 바라보며 목청 돋워 짖는데
농주의 한잔 술이 쉬엄쉬엄 제 몫을 다한다

한 포기 민들레

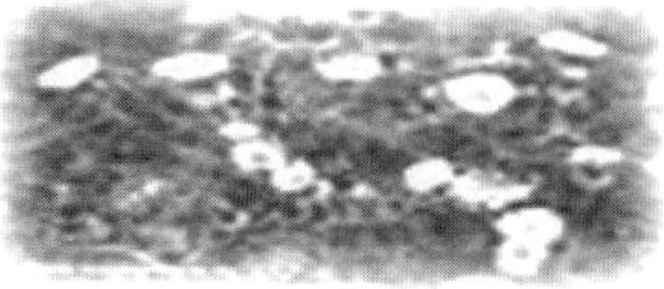

산봉 헬기장에 핀 민들레야
너는 어찌하여
이곳까지와 자릴 잡은 것이냐!
하기야 너도
세상사 어지러울 때
피치 못할 사정으로 이곳까지 도망쳐
피신하였다가 아예 주저앉아
자릴 잡은 것이 아니더냐?
외로움이 더해도
청설모가 소나무를 넘나들고
앙증맞은 체구의 다람쥐가
도토리 줍는 것에 소홀하며
꼬리를 치켜세워 흔들며
연방 왔다 갔다 오르락내리락
텃세를 누리며 다니니
너는 이제 익숙한 친구가 되어
온갖 시름 함께하며 있는구나

허수아비

나락 논 들녘에
각설이 타령 허수아비

찾아드는 참새를
외면하고 서 있다

지나던 바람이 윙크를 하니
잠자던 허수아비 눈치 보며 춤춘다

이에 놀란 참새
무리 지어 후루룩 나무 위로 오른다

바람에 놀아나는 허수아비
농부 시름 덜어준다

삶의 同行

내가 좋아하는 季節은
一生의 모든 季節입니다
아무리 힘들고 아쉬웠어도
現在에서 보면
모두 아름다운 季節이었습니다
나는 그날들 중에서
단 하루도
지우고 싶은 季節이 없습니다

[註] 미국서 잠시 귀국한 첫째 딸 가족과 제주도 여행 시 묵었던
'중문통나무펜션'에서

아~ 왜관전투의 산 교육장이여

이곳은
북한군이 대구를 침공하기 위해 최후의 공세를 폈던 곳
낙동강을 중심에 두고 일대 격전을 치른 곳
1950년 8월초 북한군 5개 사단 병력이
경북 칠곡 다부동 전선에 집중투입
발악적 총공세를 가했던 곳
그러나
미제1기병사단과 국군은 최후의 일각까지
고귀한 생명을 바쳐 적의 공세를 분쇄하였다
북한군은 9월초
다시 대구 침공을 목표로 최후의 총공격을 재개
우세한 UN군의 화력과 반격으로
9월 중순에 섬멸시켜 끝내 대구·왜관 전선을 고수
북한군 격퇴 반격의 보루를 확보하였다
그때 그 현장의 교훈을 알리는
전쟁의 산 교육장 왜관 철교
이 다리는 1905년 일제日帝가
군용 단선 철교로 개통한 경부선 철도교
1941년 북쪽에 복선 철교를 가설 경부간 철도로
활용하여 왔던 곳

1950년 6월 북한인민군의 남침으로
대구를 지키기 위해 북한군도강을 저지키 위해
그해 8월 미제1기병사단에 의해
철교 제1,2경간이 폭파된 다리
1953년 휴전 후 목교로 가설하여 인도로 활용된 다리
그간 가설 인도가 부식 노후와 홍수로 유실
1979년엔 통행이 전면 차단되었던 다리
칠곡군민의 숙원으로 1991년 보수 착공
1993년 2월 전면보수 인도로 재개통되어
오늘에 이르고 있는 곳

- 2013. 08. 모형과 설명문을 보고 -

2부

가을

가을의 길목에서

가을이 오는 길목에
서늘한 바람이
밤을 가르면
이슬 내린
새벽 들녘 황금 물결에
흙냄새 퍼지는 길섶
언덕에
들국화 한 송이
해님을 맞이한다

물 맑고 공기 좋은 시골에
오염된 육신을 맡겨
이슬 맞으며
거닐어 씻을 때
해맑은 마음은
사랑의 싹을 틔우고
수줍은 속삭임은
天高馬肥의
가을 하늘을 안는다

메아리

산이 높다 해도
하늘 아래 있는 뫼인데
왜 이렇게 오름이 힘들까!
그래도 나는
오늘도 마다 않고 오른다

오르는 길목마다 빼곡히 덮인 수목은
앞을 가리고 발걸음 잡으니
오르는 걸음걸음이 더 힘들고
그때마다 머리의 열기는
이마에 땀방울을 더하게 한다

더 오름이 끝났다
하늘은 바로 위에 있고
높은 빌딩 숲은 눈 아래다
야호~
야호로 속 풀이해 본다

심산계곡 산새 울음엔
메아리가 있던데

산은 울림이 있던데
산봉에 우뚝 서 속 풀이하는
나의 고함高喊은 허공으로 사라지고
메아리가 없네! 답함이 없네

- 성암산에서 본 수성구 -

구귤(枸橘) 탱자

너는 어이하여
그렇게도 좋은 향을 지녔니!
그럴 만치 품어야 할
임이라도 있었니!?
3~5㎝ 체구에 그렇게도
노랗게 화장을 해도
그리는 임은
찾지도 않는 모양이구나
그래도
풍기는 향이, 향이 좋다고
지나던 길손이 마음을 담아
너를 주어 만지작거리더니
호주머니에 품는다
풍기는 향에 코 키스하며

탱자나무

유자나무도 가시가 있고
탱자나무도 가시가 있다
그 열매 또한 둥글고
크기는 달라도 비슷함이 같아
다름이 있고 없고는 있어도
틀린다면 틀린다
그러하니
촌수로 따진다면 이웃사촌!
그래도
날카로운 가시만은 다름이 없으니
사촌 아닌 형제나 다름없네
그러나
유자나무는 유자나무고
탱자나무는 탱자나무다
친숙함은 있어도
형체는 아주 다르다

들국화

만물이 생동하는
봄날의 풀꽃같이
화려하지도 않고
삼라만상이
생동하는 여름날과 같이
아름답지도 않은 들국화
너는 그리운 여인 같아라

넓은 산야 안개 낀 산
가을 들녘 들 섶에서
쓸쓸한 바람을 타고
말없이 반겨주는 들국화
너는
여운을 남기는 어머니 같아라

정처 없이
외로이 걷고 있는 나그네 같아라

백암 폭포를 찾아

백암산을 바라보니
운무에 싸여 흐릿한 자태
배낭을 추슬러 메고
해발 1,004m의 산정 중턱에 있는
백암 폭포를 찾아드니
울창한 송림에 쌓인 등산로
오를수록 가파르고 험난해
능선 계곡을 3번이나 넘고 돌아
설치된 밧줄에 의지해
막바지 길에 물먹은 바윗길을
조심조심 더듬어 오르니
산정이 트이며 하늘이 보인다
앞을 가리는 백암 폭포
30여 m 암벽에서 떨어지는 물줄기
눈에 드는 아름다움은
한 폭의 그림 같아
도취한 맘에 무지개가 뜬다
가쁜 숨
맺힌 땀방울
정복하고자 한 열정

무거운 배낭을 벗어버리니
골짜기 따라 산모퉁이 돌아
날아 내릴 것만 같아

[註] 경북 울진군 평해읍 온정리에 있는 해발 1,004m의 산.

중추절(仲秋節)

참새 떼와 허수아비가
싸우는 황금 들녘

조숙종 벼가 탈곡을 하고
성묘 제단에 올려진 송편

오곡이 무르익은 가을이
농신農神을 부른다

[註] 농신(農神); ((민))농업을 다스리는 신

유성(流星/meteor)

밤하늘에
수없이 빛나는 별
무리 지어 흐르는 별들
존재감이 드러나는 각 가지 형상의 별
또렷함도 있고 흐릿함도 있다
이렇게 아름다운 별도
먹구름이 덮일 땐 볼 수 없어
'별 하나 나 하나'
'별 둘 나 둘'
동산에서 키우던 꿈에
나는 사랑을 심었는데
그럴 수 없지!
청명한 밤하늘일 땐
주– 욱
긴 꼬리 남기며 사라지는
유난히 빛나는 별을 볼 수 있는데
그것이 아름다워
우리는
별똥별이라 하였다

무제(無題)

하려 하여도 할 수도 없고
보려 하여도 볼 수도 없다

가보려 하여도 갈 수도 없고
들으려 하여도 들을 수도 없다

답답한 마음에 몸부림치다
한없이 멍하니 한없이 멍하니

이 밤을 지새우며
허공만 헤매고 있다

지칠 대로 지친 영혼이
허공만 헤매고 있다

의욕(意欲)

세상 살기가 좋아지니
좋은 세상 일찍 이별하기 싫어
좋은 음식 찾아 먹고
노래하고 춤추고
웃음보 터트리고
팔팔하게 99라니
젊어지는 정신에
건강 위한 노력에
육신 모두 건강
정신적 지주支柱가 99 팔팔 이니
이 세상 모든 것이
눈발 아래라
저승사자도 부러워하며
웃으며 지나쳐 간다

아내(妻) 마음

애지중지 키워 보낸 자식
늙어가는 자식인데도
이런저런 마음에
걱정 시름 못 놓고
이것들을 다스린다고
머리에 백설이 내려도
품 안에 있는 자식이라

남편은 늙어가도 뒷짐이라
이러기야 하겠나!
그런저런 생각은 있어도
서로에 믿음을 벗 삼으니
모두가 만사형통
내 아내 최고야!
내 남편 최고!

아니 우리 자식 최고지!?

나무를 보면

가만히 보니 나무는
가을이면 옷을 벗는다
모진 북풍한설
겨울이 오는데도
나무는 옷을 벗는다

그런데
봄이 오면
조용히 옷을 입기 시작한다
살갗이 타는 삼복더위
여름이 오는데도
나무는 옷을 입는다

가만히 생각해 보면
삼신三神 할머니도 모르는
나무의 일생
가을 겨울 봄여름
나무의 삶

[註] 삼신三神; (민) 아기를 점지(點指)한다는 세 신령(神靈).

주산지

고요한 주산지
가을, 단풍이 물들면 용이 승천한다고
주왕산 별 바위가 이를 지켜본다네
자연만이 만들 수 있는
유일한 창조물
울창한 숲의 경치는
마음을 고요하게 만들어
평화로움을 가져다줍니다
수면 위로 피어오르는 물안개는
주산지를 휘감아 돌고
산 위에서 불어오는 바람은
왕 버드나무 가지를 쓸어내리니
살랑살랑 꼬리 치는 가지에
잔물결도 함께해
세상을 잊게 하는구나
그래서 주산지에 있노라면
푸른 물에 떠 있는 구름 때문에
신선이 된 느낌에
세상살이를 잠시 잊어
세월의 흐름을 모른다네요

주산지의 아름다운 절경은
사계절에도 틀림이 없으니
한 인간의 평범한 삶을
계절의 흐름에도 잃게 해
수백 년간을 자연에 의지하여
유유한 모습으로 살아갈 수 있다지요
봄, 여름, 가을, 겨울 그리고 봄

[註] **주산지**; 경상북도 청송군 부동면 주산지길 163(이전리 87)에 있는 저수지. 조선 경종 원년 1720년 8월에 착공하여 이듬해에 완공한 농업용 저수지로 길이 100m, 너비 50m, 평균 수심 7.8m의 조그만 산중 호수다.

반세기가 지난 고향

나의 고향은 왕바위가 있는 곳
왕바위 전설이 얽힌 곳
그래서 골 이름도 왕 상 골이다

나지막한 산들이 골을 에워싸고 있고
집들은 에워싼 산 등에 지어진 곳
골에는 논과 밭들이 있고
마을 입구 개울가 언덕엔 큰 느티나무가 있어
그네를 매어 단오 때 즐기며 뛰었고
논두렁 중간에 있는 샘물은
주민들의 식수원으로
물지게로 물 길러 나르곤 했었지

가을이면 이 논에서 메뚜기를 잡았고
겨울이면 앉은뱅이 스케이트를 타며
추위를 이기기 위해 논둑엘 불 질러 즐겼고
보름이면 쥐불놀이하며 즐기던 곳이었지

이런저런 사연들이 얽히고설킨 고향
즐겁게 뛰어놀고 즐기며 자랐던 곳
이 고향 떠난 지가 60여 년이 지났네

그저 그렇게 생각하며 지난 세월
叔母 喪에 찾았더니
돌담으로 둘린 울타리도 없어지고
집들도 새로운 모양새라
이렇게 살기 좋은 세상이련만
옛 모습은 볼 수 없었다

아늑하고 살기 좋은 모습은 사라지고
옛 친구마저 모두 볼 수 없으니
어릴 적 고향만 못 하네
살기 좋은 고향이란 말
이젠 꿈속에서나 그리는 고향이련다

[註] **왕상골(旺祥谷)**; 慶北 安東郡 臥龍面 伊下洞 왕상골은 伊下驛 서쪽의 돌부리산 밑에 위치하며 신라시대에 어느 왕이 이 곳을 지나다가 주안상을 차려 만찬을 베풀었다 하여 旺祥谷이라 칭한다고 한다.

갓바위를 오르다

꾸불꾸불 산길 따라
계곡을 헤집어 오른다
오르락내리락 남길 따라
터벅터벅 올라간다
가로수 벗 삼아
포장된 길 따라 명산을 찾아
오름에 지쳐 걸음이 밀쳐낼지라도
使命인 것처럼 오로지
오르며 가고 또 갈 수밖에 없는
갓바위 뒷길은 선택된 길
891계단을 즐거운 마음으로 올라야
이름난 팔공산 갓바위 上峰
바로 거기에 공들이면
한 가지 소원 들어준다는 갓 부처님 있어
뵈러 온 마음 다해 올라갔었다
가파르고 굽이진 수많은 계단이
힘에 겨워도 겨운 만큼
마음은 더 뿌듯해지는 것 같아
혼자 가는 길이지만
혼자가 아닌 여럿이 가지만

그래도
또 혼자 가는 길이라
발걸음 헤아리며 재촉하며
서두르지 않고 한 걸음 한 계단
나에게 주어진 소명召命 따라
갈 만큼 갈 수 있는 만큼 올랐다
수없이 많은 사람
엎드리는 사람 선체 합장하는 사람
붐비는 사람들로 불편한 거동이니
오늘 이곳을 찾은
이 수많은 사람도
모두 나와 같은 한마음 한뜻이었겠지!

[註] **팔공산 갓바위;** 경북 경산시 와촌면 대한리 산44번지에 소재하고 있는 산에 국가지정 보물 제431호인 관봉석조여래좌상(갓부처)이 있다.

두 바퀴 자전거

나는 가끔 MTB(산악자전거)를 즐겨 탄다

번잡스런 시가지를 벗어나
산악 길로 들어서면
향긋한 꽃냄새와 풀냄새
신선한 맑은 공기가
나를 반긴다

자연의 싱그러움을 만끽하며
흥겨운 마음으로
부담 없이
자전거는 달린다

주행거리가 멀어지면 질수록
다리 근육이 뭉치며 느껴지는 고통
주행시간이 길어지면 질수록
이마에서 흐르는 땀 방울이 시야를 가려도
두 바퀴는 구른다

가슴은 벅차오르고
맥박은 빨라 저도 치솟는 힘 모아
엉덩이를 치켜들고 바퀴를 돌릴 땐
힘차게 힘차게 자전거는 달린다

중간 휴식할 때는
마시는 물 한 모금에
오장육부가 서늘하게 재충전되니
피로하던 육신도 느끼는 환희에 잊고
새로움에 겨워 치솟는 힘으로 발판을 딛는다

두 바퀴의 굴림에 더해지는 가속력
힘찬 육신으로 페달(pedal)을 밟는다
쌓이고 느껴지는 승부욕에
바퀴는 구른다

나는 가끔 MTB(산악자전거)를 즐겨 탄다

가을의 덧에서

산자락에 마련한 텃밭에서
소일로 풀 메는 할머니 등허리 위로
고추잠자리가 졸며 날고 있다
길가에 핀 코스모스는 가을을 재촉하고
길 언저리를 덮은 나팔꽃은 청초淸楚한데
속이 빈 밤송이는 발길을 잡는다

밭 울타리를 덮은 호박넝쿨에
간혹 핀 호박꽃에 찾아든 꿀벌이
봄여름 일손에 지쳤는지 나는 힘도 없다
밭 축에 심어진 탱자나무엔
노랗게 무르익은 탱자가 향을 발하고
묘축에 심어진 백일홍은 만발하여 떨어진다

산섶마을길에 있는 감나무엔 붉은 감이 주렁주렁
홍시가 되어 떨어지는 감이 때秋를 더-해도
농부의 마음엔 겨를이 없는 모양
감나무 밑에 있던 두 마리 수탉이
젊음의 발로로 떨어진 홍시를 노리는데
잔득 도사린 머리의 벼슬이 유난히도 붉구나

눈에 드는 곡식은 晩秋를 노래하는데
호미든 농부의 입가엔 풍년가豐年歌는 있어도
가을의 덧 일손시름엔 굳은 주름살만 깊어간다

[註] 덧(명); 매우 짧은 시간 & 얼마 안 된 동안. (a spell)

감나무에 달린 홍시(紅柿) 한 알

녹색 옷에 꽃 피워
알알이 맺힌 너
청록색 옷–매무시가
오색단풍으로 물들어
낙엽落葉 지니
주렁주렁 드러난 너
수확의 흥겨움을 주었다
와중渦中에
너 한 알에
한해의 풍년 기원 담아
감나무 신께 바쳐진 너
잿밥도 못되고
까치?
까마귀!
까마귀 날자 배 떨어진다

별 하나 나 하나

밤하늘에 반짝이는 작은 별
무수히 반짝이는 별을 보다
나의 맘이 된 별 하나!

인지 손가락으로 점찍어
별 하나 별 둘
별 셋 별 넷으로
이어 보았다

다시 한 번 더 이어본 별
큰 별이 되었다

나의 별
나의 마음이 담긴 별
내 마음의 그 큰 별 안에
내가 그리던 그리움의 별이 있었다

유난히도 크게 반짝이는 그 별 하나
나는
그 별이 되었다

비록
손가락으로 이은 별 안이었지만
나는
그 안에 빛나는 별에서
그리던 님을 만났습니다

겨울

나는 가야지

가야지
가야지
나는 가야지
시냇물이 흘러가듯
구름이 바람 타고 흐르듯
나는 가야지
그곳이 어딘지는 모르지만
저 산 넘고
강 건너고
계곡을 지나고
수평선 넘어라도
꿈속에서 달려가야지
그곳이 어디든
언제라도 가야지
나는 가야지

가난(貧困)

한 치 앞도 안 보이게
안개는 삶을
베일에 싸이게 하였다

좌절의 구렁텅이 속에서
바램은 바램 일 뿐
그래도 한 가닥의 희망은
사랑이 갈구하는 마음속에서
바램의 욕구이었는데
안개는 장막을 치니
삶에서 갈구하는 희망은
물에 빠져 허덕이는 인간의 눈에
눈에든 지푸라기처럼
그래도 한 가닥의 서광曙光을 바란다

구름 가듯 가는 세월
드리운 장막 운무 사이로
태양 빛 광선이
하느님의 은총이 내리듯
오로라 같이 빛을 발함이 있으니
어둡던 현실에 희망을 안긴다

싹이 돋아 움트고
꽃피고 벌 나비 날고
무성한 잎들이 계절의 소용돌이 안에서
찬란한 물결과 열매를 주듯
절망 속에서 희망을 얻으니
쥐구멍에 빛이 들었다
삶에 희망이 샘솟는다

한파(寒波)

– 2013.12.20. 설 한파 –

봄 · 여름 가을 가고
겨울이 되니
들이닥치는 북풍은
나의 마음을 사로잡아
봄 같고 가을 같은
방안을 즐기니
겨울 한파인들
나를 어쩌겠나!
집안에만 있으면
매서운 한파도
어쩔 수 없어
겹겹이 선 가옥 속에
단독주택인 내 집 주위를
휘돌아 치며
한가로이 정원을 거닐다
달카닥 창문에 노크하곤
지나가버린다
TV는 내 앞에서 수다를 떤다

한 해를 보내는 時點에

어제가 지나 오늘
오늘이 바뀌니
하루가 지난 내일이 된다
태양을 중심으로
돌고 도는 지구가 있듯
지구를 도는 달도 있다
이것은 변함이 없으니
세월의 흐름
계절의 변화
이렇게 바뀌고 변화함이 있으니
여기에 인생의 희로애락이 따른다
이렇게 다람쥐 쳇바퀴 돌듯
거듭되는 공전과 자전 속에서
삶 안에 유행이 있어
옷장 속에 걸린 옷들엔
유행 지난 옷들이 생겨나 있다
과거 한때는 멋있었다 해도
철 지난 옷은 보잘것없이 당하니
내 현재의 삶에도 일시적인 욕망은
유행 지난 옷처럼 허망해지고 말 것을

한순간을 허비하고 있는 것은 아닌지
스스로 돌아봐야 할 때
만약 참으로 가치 있는 것이 아니라면
유행 지난 옷가지처럼 될 것이니
고해성사로 다듬이질하여
참스런 마음으로 또 한 해를 맞아
알찬 실행으로 정진해야지!

– 희망찬 기상 –

겨울 바다

끝없이 아득한 수평선
너울진 바다
북풍한설에 성난 파도
희뿌연 물보라
광란의 희열
밀리고 밀리며 밀려
무어라 할 것 없이
성난 가슴
마음의 한을
맘껏 한풀이한다
동파되는 한파
노도의 겨울 바다
술렁이는 심해

겨울 연못

산골 조그만 연못
못 생긴 몸체에 함북 머금은 물이
북풍한설에 모질게도 당해
얼음 옷을 입었다
지나던 불청객
한 걸음 두 걸음 찾아들어
조심조심 발을 굴려 보다가
이리저리 살금살금
걸어보더니
미끄럼을 탄다
맘 놓고
좋아라
미끄럼 탄다

등산(登山)

나는
번잡스럽고 요란한 도시가
신선함이 없어
이를 벗어나 가끔
공기 맑고 조용한 산을 찾는다

가파른 경사길
목 계단
울퉁불퉁한 돌길
미끄러운 흙길
가고 싶은 곳을
쉬엄쉬엄 오르고 또 오른다

그러다 보면
이마엔 땀방울이 맺히고
몸에선 열이 난다
그동안
쌓이고 쌓였던 시시비비是是非非들
손수건에 닦이어 사라지고
바람에 날리어 창공으로 사라진다

상봉에 올라
아득히 내려다보이는 정경에
탁 트이는 가슴의 요동
나는
드넓은 천지를 바라보며
야호~ 하며 외쳐본다

가끔 나는
산행이 좋아 산을 찾는다

담장 모서리

나는 담장 모서리가 좋다
밖으로 튀어나온 모서리도 있고
안은 들어간 모서리도 있다

튀어나온 모서리는
이쪽에 있으면 이곳뿐이고
저쪽에 있으면 저곳뿐이다
이쪽에 서 있으면 저쪽에서 안 보이고
저쪽에 서 있으면 이쪽에서 안 보인다
북풍한설이 몰아칠 땐
여기가 양지바르고 따뜻하고 포근하지만
저기는 어둡고 그늘지고 춥다

들어간 모서리는
이쪽도 없고 저쪽도 없다
여기도 없고 저기도 없다
태양이 찾으면 밝고 따뜻하나
태양이 지나가면 그늘지고 춥다
숨바꼭질을 할 때
안쪽에 있으면 못 찾지만
반대편에 있으면 다 보인다

그래서
모서리는 변화무상하다
흑백의 조화가 분명하다

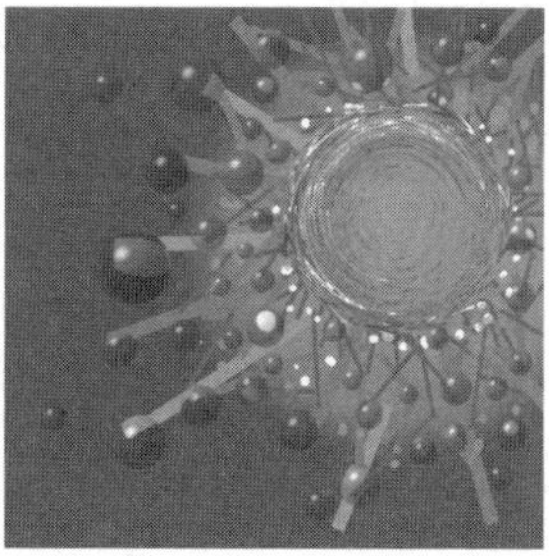

독서

오늘도 보았다

점박이들의 장을 넘기며
여느 때처럼 보았다

머리는 허공을 맴돌고
느낌의 낌새는 무디다

시간이 지나니 동공도 흐려지고
육체는 고통스럽다

네 활개로 잠시 누워 눈을 감았다

그러다
기를 쓰며 있는 힘 다했다

으으 윽하며 있는 힘 다해
사지를 비비 꼬았다

깊은 잠에 빠진 듯
모든 시름이 다 풀어진다

날아가 버리는 피로감
육신도 가볍고 동공도 밝아진다

독서 감의 후유증

이별(離別)

이별!? 홀가분한 것
이별!? 헤어지는 것
이별!? 슬픈 것
이별!? 외톨이가 되는 것
이별!? 만남을 기약하는 것
이별!? 기쁨을 주는 것
이별!? 외로운 것
이별!? 그리움을 주는 것
이별!? 보고 싶음을 주는 것
이별!? 새로움을 주는 것
이별!? 모든 것을 찾는 것
이별!? 결국, 눈물

송년 연시(送年 年始)

연말연시 해맞이하며
한 해의 소망을 빌고 꿈에 부풀었다
그런데 지는 해를 보며 남는 건
미결수들의 몸부림뿐

그래도
가는 해 지는 해 맞는 마음은
망연회 송년회하며 들뜬 마음이고
오는 해 뜨는 해맞이하는 마음은
다람쥐 쳇바퀴 돌듯 밟는 소망들

그러나
송년의 삶, 연시의 인생엔
변화 없이 늘어만 가는 주름뿐
뜨는 해, 밝은 달 정화수에 맘 담아
두 손 모아 빌어보는 所願 成就 念願

미주(美酒)

한 잔 술 마시니 기분이 좋고
두 잔 술 마시니 취기가 돈다
석 잔 술 마시니 혈압이 오르고
넉 잔 술 마시니 원숭이처럼 날뛴다

한 잔 술에 기분이 좋으나
두 잔 술엔 배포가 커져
석 잔 술에 부도덕해지더니
넉 잔 술엔 자멸自滅하고 만다

자라면서 접하는 주도酒道가
술버릇이라 하던데
한 잔 두 잔 석 잔 넉 잔 마시는 술
찬사讚辭받는 주도라야
미주 아니던가!

[註] 美酒(미주); 맛이 좋은 술

분노(忿怒)

화가 난다고
왠지 모르게 화가 난다고
활화산에서 거세게 치솟는 용암같이
물에 빠져 허덕이듯
지푸라기라도 잡으려고 버둥거리듯
쿵쿵 심장이 뛴다
육신이 요동친다

뜬구름이라도 잡을 듯
잡아 보고자 하는 심정으로
몸부림쳐진다
거친 파도가 방파제를 때리듯
어쩌다 한번 용솟음치면
살고 싶은 심정이 아닌 죽으려는 듯
눈에 들어오는 것이 없다

어떻게 해야 하느냐고!?
냉수 한 컵으로 심장을 식히자
그래, 마음을 가라앉히자
그렇게 다스리자
좀처럼 화낼 줄 모르는 나인데

연(鳶)을 띄웁니다

아주 높은 창공에
연이 떴습니다
나의 사랑을 가득 담은
연이 떴습니다

길고 긴 연줄은
나의 마음을 옮겨
높이 뜬 연에 담아
사랑의 빛을 발합니다

그 빛은 나의 마음입니다
이 마음을 바람은 알려 줍니다
산 넘어 바다 건너 멀리 멀리까지
사랑의 빛을 전하여 알게 하여 줍니다

그 사랑의 힘은
밤을 태양이 낮으로 바꾸듯
드높은 창공에서 빛을 발하니
깜깜한 밤하늘에 유난히 빛나는 별입니다

암흑세계에서 빛나는 광채는
캄캄한 밤 별똥별 같으니
그리는 임은 분명 볼 것입니다
임도 나와 같으니 그럴 것입니다

소나무

春夏秋冬 4계절 1년 生活
山川의 變化에 우리는 敏感한데
너는 어느 季節의 變化에도
다름이 있는 나무도 아니요
더욱이 봄빛이 飽滿 한 季節에
요염한 百花 중의 하나인 것도 아니요
北風寒雪도 마다치 않고
혹한에 더욱 꿋꿋하니
알 수 없음이 바로 너로구나!

四時 長川 푸른 一色 不變이니
너의 강직함은
千 年이 가도 변함이 없지만
앉음에 따라 人物은 各樣各色이네!
沃土면 키 크고 웅장하고
石 濤(도)면 키 작은 난쟁이 모습이라
크면 큰 대로 작으면 작은 대로
氣像만은 믿음직함이 있다

季節의 變化에도 아랑곳하지 않는 너지만
春夏秋冬 부러 오는 바람에는
날카로운 이파리로 쏴~~쏴~~
물결 소리와 같이 울어대니
그 소리는 松濤(도)요 松 韻(운)이라
소리 또한 季節 따라 달리 들리니
그 느낌 또한 달라 그러함이
너 아니면 또 어디 있으랴

금호강 철새(候鳥) 到來 池

강기슭의 찬바람이
내 몸을 으스스하게 한다
겨울이 뜻밖에 깊다
살얼음이 낀 금호강 늪에선
따뜻함이 싫어 찾아온 철새들이
한가로이 늪을 거닐며 놀고 있다
산 넘고 물 건너온
무거운 짐 다 내려놓고
홀가분하게 물 위에 앉아
냇버들 마주하며 먹이사슬 찾다가
강바람 친구삼아 놀고 있다
가벼운 손짓으로 휘저어 본다
내 몸 바스락거림에 놀란 철새
힘찬 날갯짓으로
잠시 창공을 날았다가 앉는다
자연의 신비를 간직한 원시의 공간에
가끔 철새들이 늪을 활주로 삼아
이 착륙함에는 신비로움이 있다
자연을 벗 삼아 살아가는 철새

[註] **후조(候鳥/철새)**; 번식지와 월동지와의 사이를 해마다 정기적으로 왕복하는 새들로, 이 후조(候鳥/철새)에는 제비, 두견새와 같은 하조(夏鳥), 기러기, 물오리, 개똥지빠귀와 같은 동조(冬鳥), 북쪽 번식지와 남쪽 월동지를 오가는 도중 한때 머무는 여조(旅鳥), 우연히 길을 잃고 한때 들어오는 미조(迷鳥) 등이 있다.

산행(山行)

오솔길 따라
가파른 산을 힘들어 오른다
체온 유지에 적당한 복장이었는데
등허리가 젖어들고
이마엔 땀방울이 맺힌다

겉옷을 벗어들고
가쁜 숨을 내쉬며 정상에 오르니
탁 트인 시가지가 한눈 아래 든다

먼 산은 하늘과 만났고
탁 트인 대지 위엔 군락을 이룬 빌딩 숲
하늘 높은 줄 모르고 치솟은 아파트단지
저 아래 그 안에서
나의 존재가 대인국의 작은 거인 같았는데
상봉에선 지금은 소인국을 내려 보고 있는 거인

곧게 뻗은 시가지도로를 달리는 차들은
줄지어 먹이 찾는 개미 행렬 같고
그 속 어디선가 뭐 그리 바쁜지
큰 사고나 났는지 앵앵거리며 설치는 경찰차가
바쁘고 번거로운 삶을 알린다

시원하게 불어오는 산바람에 옷깃을 여미고
구를 듯 가파른 비탈길에 시야를 가다듬으며
산 등 따라 하산을 서두르니
산 계곡 냇물 따라 난 길에 올라서네

돌덩이로 쌓은 텃밭에서
봄나물 캐고 있는 아낙네는
엉덩이가 드러난 줄도 모르고
냉이 나물 캐기에 여념이 없다

뻐꾸기시계

빼꾸기시계가 운다

둥지 문이 열리더니
뻐꾸기 한 마리가
날갯짓하며 나와
부리를 벌리며 몸체를 숙였다가 들더니
아름다운 목소리로 '뻐꾹'하며 운다

낮이면 어김없이 '뻐꾹'하고 운다

밤이면 잠자고
낮이면 울고
때가 되면 어김없이 뻐꾹 뻐꾹 운다
그러다가
때가 지나면 울음을 멈춘다

뻐꾸기시계가 잠을 잔다

울음을 멈추며
나왔던 둥지로 들어가며
창문을 닫으면 잠을 잔다

깜깜한 밤이면 주인님이 깰까 봐
배가 고파 힘없으면
뻐꾸기시계는 울지 않는다

욕탕(浴湯)에서

널찍한 空間 안 溫湯에
용솟음치는 공기 방울
살며시 들어가 몸을 담그니
맴돌던 溫泉水가 몸을 감싼다

나른한 肉身
흘러내리는 땀방울에
벗겨지는 묵은 피부는
부드러운 흰 살결을 드러내고
윤기 있는 빛을 발한다

거울 앞에 선 나
거울에서 보는 나
젊음의 육신이 용솟음친다
가슴을 내밀며 어깨에 힘을 주니
내가 으뜸인 世上

그러나
마음뿐인 青春 歌
젊음이 退化 돼 筋肉 없는 肉體
주름진 自畵像은 虛無한 나의 青春 頌

해맞이

이른 새벽
어두운 산길을
도사린 맘으로
달빛 따라
하늘 가까운 곳으로 오르니
共存 共生의 삶 世上이
한눈에 들어온다

한자리에 선 나

끝없이 먼 동쪽 하늘 바라보며
합장한 마음에 달리는 所望
祈願 담은 나의 맘을 띄우니
동녘에 떠오르는 해님이
어둠을 밝힌다
두 팔 치켜들고 가슴으로 맞으니
해님도 나를 일깨운다

❖ 부록 1 ❖

시(詩 poetry) 문학 - 2

詩는 한자어로 詩이며 이는 言(언)과 寺(사)가 합쳐진 형성자이다. 여기서 言이 의미기호, 寺가 소리기호이다. 즉 시는 言, 언어가 그 의미내용의 핵심을 이루는 이름이며, 서경(書經)의 순전(舜典)에는 이러한 사실을 뒷받침 할 수 있는 시언지(詩言志, 언어로 나타낸 뜻이 곧 시)라는 구절이 나온다.

시(詩, poetry)란, 일정한 형식에 의하여 통합된 언어의 울림, 운율, 조화 등의 음악적 요소와 언어에 대한 이미지 등 회화적 요소에 의해 독자의 감정이나 상상력을 자극하는 운문(韻文)을 말하는데, 구체적으로 시작품(詩作品)을 성립시키는 각 시구(詩句)를 가리킨다. 문학작품이다.

현대시가 어렵다고 불평하는 사람들은 시를 이해하기 위해서 최소한 익혀두어야 할 시적관습조차 독서를 통해서 축적하지 않고서 그러한 불평을 토한다.

어떤 것을 얻으려고 노력도 하지 않고, 그것이 자신의 것이 되지 않았다고 해서 그것이 잘못된 지식이라고 치부하는 경우라고 할 수 있을 것이다.

사실, 난해한 시가 없는 것은 아니다.

다시 이야기하면, 해답이 없는 시도 있는 것이다.

주체적인 독자라면 해답이 없다는 사실을 인지하고 수수께끼를 무효화할 수 있는 능력을 지니고 있을 것이다.

그래서 난해한 것이라고 이름이 나 있는 시들은 괜찮다고 평가하기에는 망설여진다.

왜냐면, 답이 없는 수수께끼를 풀기 위해서 우리가 소비해야 하는 시간은 짧은 우리 생에 있어서 너무나 낭비적인 요소가 많기 때문이다.

독특한 말버릇과 소재 처리 방법은 우리로 하여금 작자와 작품을 쉬이 연결 지을 수 있게 해 준다.

대부분의 작가들은 자기 나름대로의 색채를 지니고 있기 마련이다.

시편은 각각 독립된 단위이기는 하지만, 동일한 시인의 여러 작품은 상호 보족적인 가족유사성을 지니고 있으며 상호게시적인 경우도 더러 있다.

다시 이야기하지만, 쉬운 시와 어려운 시가 존재하는 것은 아니다.

좋은 시와 좋지 않은 시가 존재하는 것이다.

궁금증을 일으키기 마련인 수수께끼여서 궁금증자체가 매력이 되기도 한다.

거기에만 탐닉하는 것은 주체적 독자가 되지 못하는 것이다.

주체적 독자는 비겁하지 않아야 한다.

다시 이야기해서 그것이 주는 의미에 눈을 돌릴 수 있어야 한다는 이야기이다.

시의 언어가 가지고 있는 언어적 특성중의 하나가 시어가 가지는 모호성과 다의성이다.

그래서 시를 감상함에 있어서도 그 시가 가지고 있는 모호성이나 다의성을 검토하는 것이 시가 주는 즐거움중의 하날 것이다.

하지만, 세심하게 검토하지 않고 그냥 대충 수수께끼를 풀어버리려고 하는 것은 잘못된 자세이다.

아무리 쉬워 보이는 시라고 할지라고 확실한 이해를 위해서는 독자의 축적된 문학경험이 전제되어야 하는 것이다.

시어를 해석함에 있어서 독자의 개인적인 경험을 배제하기란 대단히 어려운 일임에는 틀림없다.

그래서 어느 정도의 수용자 측에서의 궁금증 해소의 다양성은 인정되는 것이 보통이다.

수수께끼의 시학이라고 하면 제일 먼저 떠오르는 시

인이 있다.

「오감도」를 필두로 하는 〈난해 시〉의 대표주자 이상이 그 사람이다.

그의 난해성 짙은 시들에 대한 평가는 웬만한 시회집이나 대학교과서에 그의 시가 실려 있다는 사실만 보더라도 대충 짐작할 수 있을 것이다.

그의 난해 시는 그의 뛰어난 산문에 기초를 하고 있다.

독자들은 성급하게 뛰어난 산문 때문에 시도 괜찮을 것이라고 판단해 버린다.

문인으로서의 이상의 위치는 어느 정도 인정할 수 있지만, 시인으로서의 이상은 그다지 대단하게 평가할 것이 못되는 것이기 때문이다.

이상이 많은 시를 남겼다는 것은 시인으로서의 이상의 위대함을 나타내는 것이라고도 생각할 수 있겠지만, 다르게 생각해 보면 그만큼 습작품이 많았다고 해석할 수도 있는 것이다.

그리고 이상이 나이를 먹어감에 따라 산문에 힘을 쏟았다는 사실은 그 만큼 이상자신도 산문 쪽에 더 소질이 있음을 인정한 대목이라고 할 수 있는 것이다.

시인이나 작가는 최상의 작품으로 그 사람에 대한 평가를 받아야 한다고 생각한다.

그런 면에서 이상을 시 위주로 평가하는 것은 조금 잘못된 일이라고 할 수 있을 것이다.

정당하게 평가하는 것이 아니라는 이야기이다.

산문으로 쓰인 이상의 글만이 읽을 만하고 진실을 담고 있다.

결론적으로 이상(李箱)은 이상(理想)은 이상(異常)은 이상(異象)은 이상(以上)이다.

[출처; 김현승(1967)의 현대시의 개념과 그 특성에서]

❖ 부록 2 ❖

등단의 둘레길

~ 등단 이야기(2) ~

글을 쓰는 데는 등단을 하느냐 그렇지 않느냐가 중요하지 않습니다.

그러나 이왕이면 공식적인 절차에 의해 평가를 받고 문단에 데뷔해 시인이나 작가로 살아간다는 것은 또한 의미 있는 일임은 사실일겁니다. 포지션을 정하는 것은 여러분 각자의 판단과 결정에 맡겨집니다. 개인적으로 겸직 작가가 되기를 권합니다.

학교 선생님이든, 교회 전도사님이든. 의사이든 공무원이든 자기의 삶(직업)에 충실하면서 그 삶 속에 우러나오는 산 체험을 글로 표현한다면 그만큼 살아있는 글은 없을 겁니다. 더욱이, 가난한 작가, 시인의 불명예도 벗을 수 있지요. 사실 전업 작가 중 자신이 쓴 글을 통해 생활을 영위하는 이들은 극소수입니다. 이름이

널리 알려져 베스트셀러 작가에 들지 않는 한 글만으로 생활을 한다는 건 어려운 일일 겁니다.

등단의 절차를 보면 신춘문예의 길, 각 출판사의 공모전, 대표적인 문단의 분기별 공모전이 있는데, 그 권위는 월간지보다는 계간지가 으뜸이구요, 계간지중 석 달에 한번 공모전을 개최하는 곳보다는 두 번 내지는 한번 공모하는 문예지가 그 권위를 인정받는 현실입니다.

어느 출판사, 어느 문단에서 등단절차를 받았던 문단에 등단한 것을 인정받을 수는 있습니다. 그리고 문인협회에 가입할 수도 있고, 자신이 등단한 문단에 회원으로만 활동하는 경우도 많습니다.

저도 처음엔 글을 쓰는 일만 좋아했지, 어디로 등단해야 하는지, 등단하려면 어떻게 글을 쓰고 어떤 절차를 밟아야 하는지 아무것도 몰라 시행착오를 많이 겪었습니다.

제가 추천해드리는 대표적인 문단을 말씀해 드리겠습니다.

각 신문사의 예를 들어 조선일보, 한국일보, 중앙일보와 같은 10여개의 신문사 신춘문예 등단은 그 자체로 큰 명예와 권리를 부여 받습니다.

각 계간지중 문예중앙, 세계의 문학, 한국문학, 동서문학, 작가세계, 실천문학, 창작과 비평, 문학과 의식 같은 곳이 있습니다.

월간지 중엔 현대시학, 심상, 시문학, 현대문학, 월간문학, 문학과 창작, 창비 같은 곳이 있습니다. 이런 곳은 대개 상금내지는 원고료도 받으며 문단의 주목을 받으며 등단하게 되는 곳입니다.

그 다음으로 계간지 월간지 포함하여 여러 개의 문단이 있는데 문예사조, 아동문예, 문학21 ,문학세계, 세기문학, 오늘의 문학, 순수문학 등이 있습니다.

이외에도 문단은 각지방문단인 경남문학, 포항문학, 해동문학, 호서문학 등을 포함하여 20-30여개 문단이 있습니다. 제가 개인적으로 경험해본 바에 의하면 가급적으로 상금내지는 원고료를 받으며 등단할 수 있는 문단을 택하시기를 바랍니다.

다른 군소 문단들은 열악한 현실 때문에 관례적으로 심사비 내지는 등단기념으로 책을 사야하는 경우가 많습니다. 그 비용은 적게는 20만원에서 많게는 70만원에 이르기도 합니다. 그런데 약간의 원고료를 주는 유력 문단들도 기념으로 관례적으로 40-50권의 책을 등단자가 사기 때문에 거의 비슷하다고 보면 좋습니다.

어찌 되었건 괜히 돈 내고 등단한다고 상처 받는 일은 없었으면 합니다. 그래서 제가 이렇게 귀뜸 해 드리는 것 아닙니까?

처음부터 시인이라는 작가라는 칭호를 얻고 싶어 빨리 등단하려는 욕심보다는 시인, 작가다운 실력과 인격을 수양하는 게 중요하다고 봅니다.

제가 두서없이 생각나는 대로 적은 내용이기에 부족한 부분은 다음에 이야기를 나눌 수 있기를 바랍니다. 궁금하신 것이 있으면 홈 사이트에 질문도 올리시고 여러분이 갖고 계신 좋은 경험과 자료도 올려주시면 고맙겠습니다.

[출처; 전국문학 싸이트]

❖ 부록 3 ❖

시낭송의 이론과 실제

- 시낭송대회 출전을 위한 준비 -

Ⅰ. 시대적 요구

1. 낭독, 낭송 시대가 오고 있다.

요즈음 다매체 시대에 조용한 반란이 일어나고 있다. 아날로그 시대의 산물이라고 여겨졌던 낭독, 낭송이 디지털 시대를 맞아 세계적으로 바람을 타고 있다.

최근 바티칸에서는 교황과 유명 인사들이 참여한 가운데 성경을 48시간 렐레이로 읽는 마라톤 낭독회가 열려서 국제적으로 화제가 된 적이 있고 독일에서는 시뿐만 아니라 소설 낭독회도 활발하다고 한다.

프랑스에서는 매년 3월이면 일주일 동안 '시인들의 봄'이란 전국 규모의 시낭송행사가 열리고 방송, 극장,

카페, 서점, 광장에서는 물론 시민의 아파트에서도 시낭송회가 열린다고 한다.

프랑스에 케이블 TV채널 '디렉트 위트'는 매일 밤 1시부터 6시 까지 책을 읽어주는 심야 프로 '밤의 끝으로의 여행'을 방송하고 있으며 미국에서는 대통령과 그 부인이 주기적으로 초등학교를 방문해서 책을 낭독해주는 이벤트가 오랜 전통을 자랑하고 있다. 얼마 전에는 오바마 대통령이 백악관 이스트룸에서 시인 작가 배우 가수 등 예술인들을 초청하여 백악관 사상 첫 시낭송회를 열었다.

우리나라에도 각 문학단체에서 시, 수필, 소설 낭독회가 열리더니 KBS 1TV '낭독의 발견'을 시작으로 교통방송의 '책 읽는 서울', SBS라디오의 '책하고 놀자', 디지털멀티미디어 방송(DMB)오디오 채널 '북 채널', 서울문화재단의 독서 낭독프로그램, 조선일보와 문화체육관광부 공동 주최의 '책, 함께 읽자' 오디오를 이용한 책 녹음 등 현대인들이 점점 청각의 매력에 빠져들고 있다.

21세기는 각 대형서점과 카페, 학교, 도서관, 병원, 구치소 등 낭독 프로그램을 진행하여 낭독, 낭송의 시대를 맞이하고 있다.

2. 시낭송은 고급문화를 창출하는 바로미터

시는 언어의 조각품으로 최고의 언어이다.

그 시를 사방에 퍼트리는 시낭송운동이야말로 고급문화운동이다.

미국은 대통령 취임식 때 시낭송을 하고 있다. 케네디, 클린턴, 오바마 대통령에 이르기까지 가장 비문학적인 행사에서 문학적인 시가 낭송되고 있다.

뇌 속의 언어중추신경은 모든 몸의 신경을 지배한다고 한다.

에마또 마싸루의 실험에서 웅변해주듯 말 한마디의 효력은 대단한 힘을 가지고 있다. 소리내어 읽는다는 것은 저자의 혼을 불러내는 일로 몸의 신경을 지배하여 인간의 삶을 지배하여 변화시킨다.

그래서 묵독보다는 낭독의 힘이 클 것이며 더군다나 낭송의 효과는 두말할 나위가 없을 것이다.

낭독은 소리내어 책을 읽지만 낭송은 외워서 자기 것으로 재창조하여 소리로서 감동을 창출해내기 때문이다.

사람이 무엇을 보고 무엇을 생각하며 무엇을 느끼며 살아가느냐 하는 것은 매우 중요하다.

미국인들은 어렸을 때부터 성조기의 중요성을 배우며 애국심을 고취시키고

프랑스인은 초등학교 때부터 명시를 외우면서 정신 세계의 풍요로움을 느끼며,

영국인들은 신화와 세익스피어의 연극대사를 외우며 품격을 배운다고 한다.

시는 인간의 정서를 아름답게 가꾸어 풍요롭게 해주며 감성을 풍부하게 해준다.

언어를 순화시키며 마음의 평정을 얻도록 해주며 창의력, 상상력을 고취시킨다.

무엇보다도 시낭송은 품격 있는 사회를 만들어준다.

거친 말보다는 아름다운 말, 저속한 말보다는 우아한 말, 딱딱한 말보다는 부드러운 말로 건강한 사회가 조성된다.

아일랜드에서 한국의 사회학자는 어린이와 어른들이 예이츠의 시를 마치 아리랑을 부르듯이 합창하는 것을 보고 놀랐다고 한다.

우리도 전 국민적이 입에서 저절로 흘러나오는 낭송을 한다면 얼마나 좋을까.

감동적인 시낭송을 들어본 적이 있으십니까?

Ⅱ. 시낭송이란?

1. 시낭송은 소리예술이다.

시낭송은 목소리를 도구로 하여 시를 표현하는 소리예술이다.

지휘자와 연주자에 따라 연주가 달라지듯 시를 어떻게 형상화시키고 이해하며 연출하느냐에 따라 한편의 시에 수십 편 아니 수백 편의 낭송이 나올 수 있다.

시인이 작사자요 작곡가라면 낭송자는 제 2의 작곡가이며 그 노래를 부르는 성악가이다.

2. 시를 많이 읽고 이해하여 분석해야 한다.

내가 먼저 이해하고 감동을 받아야 그 감동을 전할 수 있다.

모르는 단어도 천 번을 읽으면 물리가 튼다고 했다.

시를 많이 읽다보면 그 시가 전하는 깊이와 넓이를 이해하게 되고 이해하다보면 그 시를 감동있게 표현하게 된다.

시는 리듬이다.

낭송자는 시의 내포성을 찾아 자기의 목소리에 독창적인 해석과 가락으로 듣는 이로 하여금 시적 감동을 울림으로 받게 하는 것이다.

3. 바른 소리로 말맛을 살려야한다.

시낭송은 말예술의 창작이다.

단어 하나하나의 소리가 바르고 정확해야 한다.

시어가 가지고 있는 말맛을 살려 깊은 맛을 살려내야 한다.

또한 말의 고저강약, 장단, 억양, 어조 등 듣는 이에게 정서적 회화적 상상력을 불러 일으켜야 한다.

시의 음률을 어떻게 표출시키느냐 하는 것이 관건이다.

4. 시낭송은 가슴으로 낭송하되 자연스러워야 한다.

시낭송은 목소리로 낭송하는 것이 아니다.

가슴 밑바닥에서부터 울려 퍼지는 영혼의 소리, 울림의 소리가 되어야 한다.

자기의 감정과 체험과 삶의 궤적이 시에 녹아들도록 해야 한다.

시낭송자는 청중을 이끌고 시속으로 빠져 들게 하여 함께 뒹굴고 들끓고 녹여야 한다.

듣는 이들은 끊어질 듯 이어지는 한이 서린 낭송을 들을 수도 있고, 환희와 기쁨으로 가득찬 희망의 낭송을 들을 수도 있을 것이고, 그리움과 안타까움에 가슴 저리는 아픔을 느낄 수도 있다.

이것이 소리예술이 갖는 음성언어의 향연이다.

가슴에서 우러나오는 자연스런 낭송으로 청중에게 뜨거운 감동을 줄때 최상의 낭송이 될 것이다.

5. 시 정신을 느낄 수 있도록, 시적 정서의 움직임을 생생히 느낄 수 있도록 낭송해야 한다.

시속에 품고 있는 서정의 불길을 잘 표현하기 위해서는 먼저 시에 대한 충분한 분석을 해야 한다.

그 시를 쓰게 된 동기와 시대적 배경, 시인의 상황과 사상, 시어 연구, 작품 분석 등 시의 이해와 분석을 하여 그 시의 정조성을 찾고 연과 연, 행과 행 사이 정서의 움직임, 내면의 이동을 생생히 느끼도록 해야 한다.

6. 시낭송은 소리, 눈빛, 표정으로 연출한다.

우리의 몸을 악기로 하여 시를 낭송으로 표현해야 한다.

시 낭송은 바로 소리예술이다.(복식호흡으로)

시 낭송은 언어와 비언어의 균형과 조화이다.

7. 자기만의 것으로 육화시켜야 한다.

낭송자는 삶의 가치에 대한 바른 자각으로 인식 체

계를 바르게 가져 그 사람됨을 통해 감동이 있는 낭송을 해야 한다.

참다운 자기모습이 투영되는 것이 시낭송이다.

자기의 감정과 체험이 시에 녹아들도록 연구해야 한다.

시속에 감추어진 혼령을 불러내어 청중의 가슴속에 선율이 있게 하고 언어의 빛살로 생명의 불꽃이 일게 해야 한다.

개성적인 낭송으로 자기화시켜 자기 색깔을 내야 한다.

자기만의 색깔을 입혀야한다. 그래서 시는 한 편이지만 낭송자의 시의 이해와 분석이 다르고, 표현하는 스타일이 다르고, 연출이 다르고, 자기 체험이 다르기 때문에 몇 백 편, 천 편의 낭송이 이루어진다.

8. 시낭송에 기본은 있으나 정형은 없다.

시낭송은 꼭 이래야 한다는 정형은 없다.

즉 시가 절대적 표준을 갖고 있지 않듯 시낭송 또한 절대적 표준을 갖고 있지 않다. 사람마다 시를 표현하고자 하는 감정이나 느낌이 다양하기에 그것을 담아내는 형식 또한 여러 가지로 나타날 수 있을 것이다.

다만 여느 예술처럼 청중에게 감동을 주어야 한다는 목적만이 있을 뿐이다. 각자 개성을 살려 음성언어의 묘미를 한껏 살려보자.

Ⅲ. 감동적인 시낭송을 위한 준비

Ⅳ. 음성의 요소

Ⅴ. 효과적인 표현

[자료출처; 국혜숙(재능시낭송협회 중앙회 회장)]

●● 시집 후문 ●●

모두가 나에게는 때 늦은 몸부림이다.
마지막 열차가 프렛 홈을 떠나려고 하는 순간들이 아닌가!
제1 詩集을 이 세상에 선보인지가 오래지 않은 것 같다.
새로운 목소리의 제2 詩集
사물을 보는 눈이 섬세하진 못했지만
감성의 끈끈한 느낌과 정감으로
공감대를 형성, 심혈을 기울려 본 산물이다.
그러나 아직도 부족함이 많다.
그래도 가슴에 와 박히는 작품을 쓸려고 노력은 했다.
그러나 새내기 시인으로 元老詩人이 아니어서 어쩔 수 없는 일
그렇다 보니 난해難解한 詩集이 된 것 같다.
詩人에게 '詩'란 결코 양보할 수도 물러설 수도 없는 결전의 장.
詩想의 늪에서 헤매며

지나온 歲月이 말없이 짧은 늪이었지만

새로운 시도를 거듭하면서 제1 詩集에 이어

제2 詩集의 마침표를 찍었다.

나 자신에게 위로의 맘과 축하의 박수를 보내며

한국 문단에 큰 발자취를 남기는 점이 되었으면 한다.

2015년 대구 수성구 자택에서

安山 李 學 德

메아리

인쇄 2015년 4월 2일
발행 2015년 4월 10일

지은이 / 이 학 덕
펴낸이 / 김 창 석
펴낸곳 / 홍익출판사

주소 / 대구시 중구 명륜로23길 38-4
전화 / 053) 421-6700, 427-3627
팩스 / 053) 423-5965
등록번호 / 1987년 11월 26일 제1-107호
E-mail / hongick88@hanmail.net

정가 10,000원

ISBN 978-89-7826-268-2 03800

• 잘못 만들어진 책은 교환해 드립니다.

이 도서의 국립중앙도서관 출판시도서목록(CIP)은 서지정보유통지원시스템 홈페이지(http://seoji.nl.go.kr)와 국가자료공동목록시스템(http://www.nl.go.kr/kolisnet)에서 이용하실 수 있습니다.
(CIP제어번호 : CIP2015010191)